Bibliografische Information der Deutschen Nationalbibliothek:

Die Deutsche Bibliothek verzeichnet diese Publikation in der Deutschen Nationalbibliografie; detaillierte bibliografische Daten sind im Internet über http://dnb.d-nb.de/ abrufbar.

Impressum:

Druck und Bindung: Books on Demand GmbH, Norderstedt Germany
ISBN: 9783668798120

Dieses Buch bei GRIN:

https://www.grin.com/document/441296

Die Deutsche Auswanderung nach Südamerika. Rekrutierung, Häfen und Schifffahrtslinien

GRIN Verlag

Friedrich-Alexander-Universität Erlangen-Nürnberg

Proseminar: Deutsche Auswanderer nach Südamerika

Wintersemester 2017/18

März 2018

Die Deutsche Auswanderung nach Südamerika

Rekrutierung, Häfen und Schifffahrtslinien

Hardy Riedel

Inhaltsverzeichnis

1. Einleitung

[...] "Die große Fruchtbarkeit des Bodens, dessen ungeheure Ausdehnung, das milde Klima, die herrlichen Wasserverbindungen, der durchaus freie Verkehr in einem Raume von mehreren tausend Meilen, die vollkommene Sicherheit der Personen und des Eigenthumes, bei sehr geringen Staatslasten, das ist es, was man als die eigentlichen Pfeiler der glücklichen Lage der Amerikaner zu betrachten hat. In welchem andern Lande der Erde findet man dieses alles vereint?" [...], schreibt Gottfried Duden[1] in seinem Bericht über eine Reise nach den westlichen Staaten Nordamerikas und einen mehrjährigen Aufenthalt am Missouri von 1829.

Auch wenn Gottfried Duden im oben genannten Zitat eher Bezug auf die Verhältnisse in Nordamerika nimmt, so beschreibt er doch sehr treffend wie man in der „alten Welt“ die Verhältnisse, Verlockungen und Chancen der „Neuen Welt“ als Ganzes, wahrnahm bzw. wahrnehmen wollte.

Nur allzu oft wurden die Verhältnisse in den schönsten Farben geschildert. Doch nicht immer war der Neuanfang einfach.[2] Neben den Schwierigkeiten, die einen Neuanfang im fremden Land, auf einem fremden Kontinent ohnehin schon nicht einfach machten und an denen so mancher auch scheiterte, gab es zu allem Überfluss auch noch gewissenlose Menschenhändler, die aus der Not der Menschen ihren Profit schöpften.

Ich möchte hier nur kurz exemplarisch zwei Beispiele nennen: [...] Es ist ein verdrängtes Kapitel jüdischer Geschichte: Von 1860 bis 1930 wurden Tausende junger Jüdinnen, die Armut und Antisemitismus entkommen wollten, mit falschen Versprechungen nach Südamerika gelockt. Dort wurden sie zur Prostitution gezwungen - nicht selten von jüdischen Zuhältern. [...][3]

[...] Im 19. Jahrhundert wurden Sklaven durch Wanderarbeiter bzw. Kontraktarbeiter ersetzt. Diese kamen vornehmlich aus Europa. Viele von ihnen trieb die

---

[1] Gottfried Duden (* 19. Mai 1785 in Remscheid; † 29. Oktober 1855 ebenda) war ein deutscher Arzt, Farmer und Friedensrichter in den USA sowie Schriftsteller. Sein Erlebnisbericht war mit ein Auslöser für die ab 1830 einsetzende deutsche Auswanderungsbewegung nach Nordamerika.

[2] Nicht bei allen Auswanderern ist die Begeisterung über die neue Heimat ungeteilt, und natürlich erfüllen sich nicht alle Hoffnungen der Neuankömmlinge. Ganz zu schweigen von den Strapazen der Überfahrt: Mehrere Millionen Menschen allein aus den deutschen Landen nehmen eine solche Reise ins Ungewisse im 19. Jahrhundert auf sich. Die Auswanderung nach Amerika erreicht in jener Zeit einen Höhepunkt, wird zu einer Massenbewegung.

[3] Peteranderl, Sonja; Jüdische Prostitution in Südamerika: Leidensweg der "weißen Sklavinnen", in: Spiegel online; http://www.spiegel.de/einestages/juedische-prostitution-in-suedamerika-leidensweg-der-weissen-sklavinnen-a-951189.html

wirtschaftliche Not dazu, die entsprechenden Verträge einzugehen. Allgemein gesprochen handelte es sich dabei um Menschen, die im Zuge der Herausbildung des industriellen Kapitalismus aus ihren traditionellen sozio-ökonomischen Strukturen herausgestoßen worden waren (verarmte Kleinbauern und Handwerker). Sie kamen im Gegensatz zu den Sklaven von allein und das Zwangsverhältnis, in das viele durch die Kontraktverträge und durch Verschuldung (Kosten der Überfahrt) gerieten, konnte als selbstverschuldet dargestellt werden. [...][4]

Die Gründe, die Menschen im Europa des 19. Jahrhunderts dazu brachten in Übersee eine neue Heimat und somit ihr persönliches Glück zu suchen und bestenfalls auch zu finden, waren genauso unterschiedlich und vielfältig, wie es auch die Menschen waren, die dies in Angriff nahmen.

Waren es erst eher vereinzelt „Abenteurer", die den Traum der unbegrenzten Möglichkeiten, so wie ihn oben Gottfried Duden beschrieb, träumten, so kamen schon bald Menschen hinzu, die auf der Flucht waren. Auf der Flucht vor Strafverfolgung oder auf der Flucht vor Zwangsrekrutierung und Militärdienst. Die Gesamtanzahl jener Auswanderungswilligen war aber zunächst noch immer überschaubar. Doch die Situation änderte sich Mitte des 19. Jahrhunderts. Gründe hierfür waren:

- Chaotische Zustände auf dem Land zu Beginn des 19. Jh., Beginn der Industrialisierung
- Landflucht der verarmten Landbevölkerung (Zweit und Drittgeborene, Aufhebung der Leibeigenschaft)[5]
- Flucht vor Strafverfolgung, aber auch Ausweisungen. Gerade hier, nach der gewaltsam niedergeschlagenen Revolution von 1848 in den deutschen Ländern, oft politisch motiviert.[6]
- Natürlich gab es auch weiterhin vereinzelt Auswanderer, die Abenteuerlust und der Traum von den „unbegrenzten Möglichkeiten" antrieb.

---

[4] Martina Kaller-Dietrich und David Mayer, Geschichte Lateinamerikas im 19. und 20. Jhdt. - Die Zweite Conquista; S.10

[5] Landflucht fand zunächst nur innerhalb Mittel- und Osteuropas statt, denn die Industrialisierung hatte gerade in Mitteleuropa eingesetzt. Doch nachdem auch dieser Arbeitsmarkt zunehmend besetzt war und auch hier Verelendung einsetzte, wurden die Ströme der Auswanderungswilligen in Richtung der Hafenstädte an der Nordsee, am englischen Kanal bzw. der europäischen Atlantikküste stärker. Dies war schon bald kaum noch zu handhaben.

[6] Nicht jeder der damaligen Revolutionäre fand, so wie Richard Wagner, in einem anderen deutschen Königreich einen solch mächtigen Beschützer und Mäzen wie den bayerischen König Ludwig II.

- Es gab aber auch Bestrebungen, gerade einiger südamerikanischer Staaten, ganz gezielt in Europa Ausreisewillige anzuwerben, um das eigene Land erfolgreich zu besiedeln und die eigene Wirtschaft anzukurbeln.

Einwanderungsländer wie z.B. Brasilien betrieben aktiv in Europa Agenturen um Auswanderungswillige zu rekrutieren.[7]

So unterschiedlich die Schicksale und Motive der Menschen auch gewesen sein mögen, die aus allen Teilen deutscher Staaten aufbrachen, wer nach Übersee wollte, der musste an die Küste. Die lange osteuropäische Ostseeküste allerdings, war kaum geeignet. Seeschiffreisen mit Auswanderen aus der Ostsee heraus, durch Sund oder Belt[8] waren unwirtschaftlich und hier für die Ausreisenden, wie auch für die Schiffseigner viel zu teuer. Sie fanden so auch nicht statt.

2. Fragestellung

Jeder, der sich in irgendeiner Art und Weise mit Auswanderung im 17., 18. oder 19. Jahrhundert beschäftigt, stößt bald und unweigerlich auf die Frage, wie dies organisiert wurde und von wo die Auswanderer aufbrachen.

Welche Häfen waren also geeignet für den massenhaften Sprung in die Neue Welt und in ein neues besseres Leben?

Wie kam man in den jeweiligen Hafenstädten mit jenem Ansturm an Menschen zurecht?

Wie organisierte man den Aufenthalt so vieler Menschen in diesen Hafenstädten ohne das eigentliche zivile Leben in den Städten zu gefährden?

3. Anreisewege und Ausreisehäfen

Das Reisen war zu Beginn des 19. Jahrhunderts eine eher beschwerliche Angelegenheit. Es erforderte neben der notwendigen Zeit auch einen gewissen finanziellen Hintergrund. Während der Befreiungskriege gegen Napoleon bis 1815

---

[7] 1820 wurde im Bundesstaat Rio de Janeiro die Stadt Nova Friburgo gegründet. Dom João VI versuchte gezielt, neue deutsche Einwanderer anzuziehen. Im September 1822 entsandte die brasilianische Regierung Georg Anton Schäffer nach Deutschland, um Kolonisten und Söldner anzuwerben. Diese Mission startete die erste große deutsche Auswanderungswelle nach Brasilien. Vor allem Menschen aus dem Hunsrück, den nördlichen und westlichen Teilen des heutigen Saarlandes und der Westpfalz ließen sich von den Agenten Schäffers anwerben. https://de.wikipedia.org/wiki/Deutsche_Einwanderung_in_Brasilien#Geschichte

[8] Sund und Belt stehen hier für die Meerengen um Dänemark

war die ohnehin geringe Infrastruktur, die zum Reisen zwingend notwendig war, eher militärischen Zwängen unterlegen.

Im Ergebnis des Wiener Kongresses setzte eine längere Friedensperiode in Europa ein. Diese Zeit war geprägt von Erfindergeist und neuen Technologien. Die Industrialisierung, mit all ihren positiven (z.B. Die Erfindung und zügige Verbreitung der Eisenbahntechnik) aber auch negativen Aspekten (z.B. massive Verarmung der Landbevölkerung und die daraus resultierende Landflucht) setzte, zumindest in Mitteleuropa, massiv ein.

Im Hinblick auf mein Thema hier, wird die Erfindung und zügige Verbreitung der Eisenbahntechnik wichtig. Sie machte Reisen auch für einen breiteren Teil der Bevölkerung erschwinglich. Dies galt im besonderen Maße auch für diejenigen, die Europa endgültig den Rücken kehren wollten bzw. mussten, um ihr Glück in der „Neuen Welt" zu suchen.

Schon früh bildeten sich die Nordsee- und Nordatlantikhäfen als die zentralen Abfahrtsorte heraus.

3.1. Le Havre

Schon 1850 konnte man die Hafenstadt Le Havre von Köln aus per Eisenbahn erreichen. Wer aus dem deutschen Staatengebiet nach Le Havre wollte, musste von Köln aus kommend beispielsweise lediglich in Paris umsteigen und erreichte vergleichsweise bequem die Hafenstadt.

Die Stadt an der Seine-Mündung war deshalb so interessant für Reisende, da man bis zu zwei Wochen Reisezeit zu Wasser sparen konnte. So konnte man die erste Strecke durch die Nordsee und die Fahrt durch den Ärmelkanal vermeiden.

Da in der Mitte des 19. Jahrhunderts gut ein Drittel der Auswanderer über Le Havre abreisten, macht dies die Bedeutung dieser, vergleichsweise kleinen Stadt, deutlich. Über Bremerhaven verließ eine in etwa gleich große Anzahl Reisender Europa. Antwerpen, Liverpool oder Hamburg nahmen den Rest der Auswanderer auf, ebenso, verschwindend gering, einzelne andere Häfen.

K. Baedekers Reiseführer für Bahnreisende in Nordfrankreich zeigt, welche Bedeutung Le Havre für die Auswanderung zu diesem Zeitpunkt hatte, und auf der anderen Seite wie wichtig die Auswanderer für die Hafenstadt waren.

Ebenso interessant ist die Tatsache, dass der Hafen von Le Havre aufgrund seines Trockenlaufens bei Ebbe nur begrenzt nutzbar war.

[...] Die drei älteren Häfen (Bassin du Commerce, Bassin de la Barre, Bassin du Roi) ausserhalb der Festungs-Mauern, ist erst 1842 vollendet. Ein fünfter Hafen, für Dampfboote, ist bei der Retenue de la Floride angelegt.

Nur während der vier Stunden höchster Fluth können Schiffe in den Hafen einlaufen. Während der übrigen Zeit liegt er grösstentheils trocken. [...]

3.2. Liverpool

Erwähnenswert ist in diesem Zusammenhang auch die englische Hafenstadt Liverpool mit seiner unmittelbaren Nähe zu den Industriestandorten Manchesters, ein Hafen an der englischen Westküste, gefragter Anlaufpunkt für Schiffe von und nach den englischen Kolonien in Übersee. Schon ab der Mitte des 17. Jahrhunderts reisten von hier regelmäßig Auswandererschiffe nach Nordamerika ab. Hier hatte man wohl schon seit langer Zeit Erfahrungen mit Auswanderern. Neu waren allerdings auch hier die großen Mengen an Auswanderungswilligen.

Wie auch in anderen Häfen, durften die Reisenden auch in Liverpool die Schiffe erst kurz vor der Abreise betreten, zumeist am Tag vor dem Lichten der Anker. Grund hierfür war, dass traditionell ein Kapitän für alle Personen, die an Bord seines Schiffes waren, aufkommen musste. Er hatte also nicht nur für seine Mannschaft, sondern auch seinen Passagieren Kost und Logis zu stellen. Für ihn galt es diese zusätzlichen Kosten möglichst gering zu halten. Auch galt es den sonstigen Lade- und Löschvorgang nicht durch unwissende „Zivilisten“ also Passagiere, sicherheitstechnisch zu gefährden. Gleichsam wollte man unwissende, ggf. umherlaufende oder an Deck stehende Passagiere durch jenen Lade- und Löschvorgang nicht gefährden. Dies bedeutete in der Konsequenz, dass die Auswanderer tage-, wochen- oder sogar monatelang in der Hafenstadt unterkommen mussten.

In London führte dies beispielsweise zu einer illegalen Stadt in Flussnähe, wo die Auswanderer campierten. In Liverpool plante man deshalb ab 1851 ein Auswandererhaus, allerdings wurde dieser Plan in Liverpool nie umgesetzt. Dies führte dazu, dass die Liverpooler Auswanderer weiterhin vergleichsweise hilflos den Geschäftemachern der Stadt ausgesetzt waren.

Ein Beispiel für einen erfolgreichen Deutschen, der in Liverpool an den Auswanderern gut verdiente, soll hier exemplarisch genannt werden. Es war Friedrich Sabel, ein deutscher Kaufmann. Im Jahr 1849 war er nach Liverpool umgesiedelt und hatte in Liverpool eines der ersten deutschen Hotels gegründet. Hier brachte er Auswanderer bis zu ihrer Abreise unter. Sein "Auswandererhaus" war ein Erfolg. So hatte Sabel auch Verträge mit Schiffsgesellschaften und Agenten abgeschlossen und einen eigenen Agenten in Hull, der für die Abwicklung der Reise von Hull nach Liverpool zuständig war.

Man konnte in jener Zeit über Sabel die gesamte Auswanderung von Deutschland über Hull und Liverpool buchen und organisieren lassen. Sabel warb für seine Dienste und sein Haus durch seine Agenten, die er in einer ganzen Reihe deutscher Städte platzierte. Außer Sabel gab es noch andere, kleinere Agenturen und Unterkünfte speziell für deutschsprachige Reisende.[9]

3.3. Hamburg

Im Gegensatz zu Liverpool entstanden in Hamburg, aber auch in Bremen, sehr wohl sogenannte Auswandererhäuser.

Beschleunigend für den Bau einer solcher Einrichtungen, wirkte in Hamburg wohl auch die verheerende Choleraepidemie, die im Jahr 1892 in der Hafenstadt massiv ausbrach. Ursächlich hierfür war eigentlich Hamburgs unhygienische Trinkwasserversorgung der damaligen Zeit. Brutstätten waren dabei aber auch die Armenviertel Hamburgs. Doch auch die haltlosen Lebensbedingungen, der auf ihre Passage nach Amerika wartenden Menschen wurden schon bald als Ursache für diese Seuche ausgemacht.

[...]1856 beförderte die Hapag-Reederei nur 3.043 Auswanderer von Hamburg nach New York. Die Anzahl stieg in Wellen auf 66.862 im Jahr 1890. [...][10]

Die Hamburger Bevölkerung gab vor allem den Russen in ihrer Stadt die Schuld am Ausbruch der großen Choleraepidemie. Denn es war bekannt geworden, dass die Seuche ihren Weg von Afghanistan aus, über Russland nahm.

---

[9] Kirchberger, Ulrike, Aspekte deutsch-britischer Expansion, Stuttgart 1999; Beiträge zur Kolonial- und Überseegeschichte Bd. 73; S. 46.
[10] Kühl, Janine; Von Hamburg in die weite Welt; online unter: https://www.ndr.de/kultur/geschichte/chronologie/Auswanderer-um-1900-Von-Hamburg-nach-Amerika,auswanderunghamburg101.html

[...] Die Mehrzahl der Emigranten sind Osteuropäer, die mit dem Zug nach Hamburg reisen. Aber auch Deutsche, vor allem Bauern und Fabrikarbeiter, machen sich auf den Weg in die Hansestadt. Von dort reisen sie auf den Dampfschiffen der Hamburger Hapag-Reederei nach Amerika, müssen aber meist einige Zeit auf einen freien Platz an Bord warten. Angesichts des großen Andrangs sind die privaten Gasthäuser der Stadt oft völlig überfüllt. Einen markanten Einschnitt erfährt die Auswanderung jedoch 1892. Mit dem Ausbruch der Cholera verhängt der Hamburger Senat rigorose Einreisesperren, sodass der Auswandererverkehr in der Hansestadt abrupt zum Erliegen kommt. Für die Hapag-Reederei bedeutet dies einen großen Verlust. Nach zähen Verhandlungen mit dem Senat gelingt es Generaldirektor Albert Ballin, die Einreise in die Hansestadt für Emigranten ab 1893 wieder zu ermöglichen. Allerdings müssen sich die Auswanderer nun einer medizinischen Kontrolle unterziehen, bevor sie überhaupt einreisen dürfen. [...][11]

Albert Ballin lässt auf der Halbinsel Veddel eine Stadt in der Stadt für Auswanderer bauen. Hier gibt es alles, was eine kleine Stadt braucht um möglichst autark leben zu können. Es gibt einem eigenen Bahnanschluss, 14 Gebäuden, darunter eine Speisehalle, Synagoge und Kirche, Lazarett und Geschäfte. Die kleine Stadt erstreckt sie sich über 50.000 Quadratmeter und bietet Platz für bis zu 5.000 Menschen.

Hiermit sollen in erster Linie die hygienischen Standards jener Zeit sichergestellt werden. Außerdem wollte man nach Möglichkeit den unkontrollierten Kontakt der Hamburger Bevölkerung mit den Auswanderern verhindern.

Von Veddel aus werden die Auswanderer, wenn ihre Passage kurz bevorstand, mit kleineren Tenderbooten (Beiboote)[12] die Elbe abwärts, an Hamburg vorbei, bis fast zur Elbmündung nach Stade oder Cuxhaven zu ihren eigentlichen Überseeschiffen gebracht. Denn für die großen Überseedampfer wird die Revierfahrt, die Elbe hinauf, bis nach Hamburg zunehmend schwieriger und auch kostspieliger.

In Cuxhaven entstand dann in späterer Zeit noch ein weiteres Auswanderungszentrum mit eigenem Gleisanschluss und kleinem Bahnhof. Dies war

---

[11] Kühl, Janine; Von Hamburg in die weite Welt; online unter: https://www.ndr.de/kultur/geschichte/chronologie/Auswanderer-um-1900-Von-Hamburg-nach-Amerika,auswanderunghamburg101.html

[12] Ein Beiboot ist ein Boot, welches von einem größeren Wasserfahrzeug mitgeführt wird. Diese Beiboote dienen in erster Linie dem Übersetzen der Schiffsbesatzung, von Passagieren oder Lotsen, dem Transport von Gütern, dem Aufholen des Ankers oder der Rettung aus Seenot.

der sogenannte „Steubenhöft“[13], den man heute, ebenso wie die „Ballinstadt“[14], besichtigen kann.

3.4. Bremen

Auch in Bremen gab es ähnliche Probleme. Der Hafen Bremens versandete mehr und mehr. Um 1820 war dies so weit fortgeschritten, dass größere Schiffe nicht mehr einlaufen konnten. Für das "Auswanderergeschäft" wäre dies das Ende gewesen, Atlantiküberquerer waren schon damals groß.

Hier löste man das Problem anders. [...] Abhilfe gegen die drohende Versandung und damit die Gefahr im Rennen um profitable Geschäfte abgehängt zu werden, konnte nur ein neuer Hafen bieten. Die war die Geburtsstunde von Bremerhaven. Der Bremer Bürgermeister Smidt kaufte 1827 im Auftrag der Stadt vom Königreich Hannover Land an der Mündung der Geeste für den Bau eines neuen Hafens.

Man legte ein rasches Tempo vor, und schon drei Jahre später konnten 1830 die ersten größeren Schiffe einlaufen, genau zu der Zeit, als die Schiffe im Zug des Umstiegs von Segel- auf Dampfschiffe schneller, effektiver und größer wurden. Mit dem Columbuskai in Bremerhaven war man für die stetig wachsende Zahl an Auswanderern gerüstet. [...][15]

Schon früh erkannte Bremen nicht nur die Chancen, die das Auswanderergeschäft boten, sondern nahm auch wahr, dass öffentliche Regelungen für den Schutz der Menschen notwendig waren, die Europa über Bremen verlassen wollten.

Im Jahr 1849 hatte die Bremer Kaufmannschaft deshalb in Bremerhaven eine öffentliche Unterkunfts- und Versorgungsstelle für die Auswanderer bauen lassen. Auch hier kann man ebenso wie in Hamburg von einem „Auswandererhaus“[16] sprechen.

[...] ein großes Hospiz in Bremerhaven, das sogenannte Auswandererhaus, bietet Tausenden zugleich gegen geringe Vergütung Unterkommen und Kost. [...][17]

---

[13] Hapag-Halle Cuxhaven, https://hapaghalle-cuxhaven.de/de/

[14] Heute Museum Ballinstadt, http://www.ballinstadt.de/

[15] Meister, Bettina, Häfen und Wege, online: http://www.zauberspiegel-online.de/index.php/mythen-aamp-wirklichkeiten-mainmenu-288/geschichte-mainmenu-289/4378-auswanderung-hfen-und-wege [26.11.2017].

[16] Heute Deutsches Auswandererhaus Bremerhaven, http://dah-bremerhaven.de/

Bremerhaven war mit der Eisenbahn, zu Fuß, auf Fuhrwerken oder sogar per Schiff zu erreichen.

So bot ab 1851 die Oberweser-Dampfschifffahrt regelmäßig Flussreisen nach Bremerhaven an. Man konnte sich nicht nur in Hameln oder Hannoversch Münden einschiffen, sondern es bot sich auch Bad Karlshafen (dem damaligen Carlshafen) für hessische Auswanderer an, die mit der Eisenbahn von Kassel, Marburg oder Gießen an die Nordseeküste wollten. Die Fahrtzeiten der beiden Transportmittel waren aufeinander abgestimmt, um kurze Wartezeiten möglich zu machen.

4. Zusammenfassung

Zusammenfassend kann man sagen, dass im 19.Jahrhundert aber auch bis Mitte des 20. Jahrhunderts, mit Ausnahme der Zeit in der die beiden Weltkriege tobten, der Exodus aus Europa in die „Neue Welt“, ein großes Thema und eine große Herausforderung waren. In diesem Prozess gab es viele Gewinner aber auch viele Verlierer.

Gewonnen haben in dieser Zeit sicherlich die großen Reedereien, die nicht nur im Kolonialdienst, wie die belgische Compagnie Maritime Belge (CMB) Antwerpen[18], fuhren. Bedeutend waren hier unter anderen folgende Reedereien, von denen noch heute einige existieren:

- American Line - American Steamship Company (International Navigation Co.)
- Canadian Pacific (CPOS)
- CGT French Line - Compagnie Générale Transatlantique
- Cunard Line - Cunard Steam Ship Company, Ltd.
- Cunard White Star Line
- Hamburg-American Line (HAPAG) Hamburg-Amerika Linie
- Holland America Line (N.A.S.M. / HAL) Holland Amerika Lijn
- North German Lloyd - Norddeutscher Lloyd Bremen - The North German Line
- Red Star Line
- United States Lines
- White Star Line

---

[18] Kurzfilm hierzu unter: https://youtu.be/CAa6UOCNOCY

Wer von den Auswanderern in der „Neuen Welt" tatsächlich das große oder auch kleine bescheidene Glück gefunden hatte, kann ich hier nicht beantworten. Es gab sicherlich auch viele, die nur weiteres Unglück oder gar den frühen Tod gefunden haben. Auch diese Schicksale müssen hier im Dunklen bleiben. Doch bergen sie bestimmt noch genügend Stoff für weitere größere Abhandlungen, Artikel und Erzählungen.

5. Quellen- und Literaturverzeichnis

- Deutsche Auswandererschiffe, [Teil 1], in: Hansa: international maritime journal 5 (1868), S. 907–909.
- Deutsche Auswandererschiffe, [Teil 2], in: Hansa: international maritime journal 5 (1868), S. 915–916.
- Deutsche Auswandererschiffe, [Teil 3], in: Hansa: international maritime journal 5 (1868), S. 1039.
- Baedeker, Karl, Le Nord-Est de la France, 9. Aufl., Leipzig, Paris.
- Gaebler, Eduard / Buschick, Richard (Hg.), Gaeblers kleiner Hand-Atlas über alle Teile der Erde: Mit einem alphabetischen Namenverzeichnis, Leipzig 1933.
- Kaller-Dietrich, Martina und Mayer David, Geschichte Lateinamerikas im 19. und 20. Jhdt. - Die Zweite Conquista; S.10; http://www.lateinamerika-studien.at/content/geschichtepolitik/geschichte/pdf/zweiteconquista.pdf
- Keil, Ernst (Hsrg.), Warnung für Auswanderer, in: Die Gartenlaube 1867, S. 815–816.
- Kirchberger, Ulrike, Aspekte deutsch-britischer Expansion, Stuttgart 1999, Beiträge zur Kolonial- und Überseegeschichte Bd. 73; S. 46.
- Kühl, Janine; Von Hamburg in die weite Welt; online unter: https://www.ndr.de/kultur/geschichte/chronologie/Auswanderer-um-1900-Von-Hamburg-nach-Amerika,auswanderunghamburg101.html
- Meister, Bettina, Häfen und Wege, online: http://www.zauberspiegel-online.de/index.php/mythen-aamp-wirklichkeiten-mainmenu-288/geschichte-mainmenu-289/4378-auswanderung-hfen-und-wege [26.11.2017].
- Nocht, Albrecht Eduard Bernhard, Die auf Grund des Reichsgesetzes über das Auswanderungswesen vom Bundesrath erlassenen Vorschriften über Auswandererschiffe, in: Soziale Praxis, Nr. 29., 1898 (1898).
- Peteranderl, Sonja; Jüdische Prostitution in Südamerika: Leidensweg der "weißen Sklavinnen", in: Spiegel online; http://www.spiegel.de/einestages/juedische-prostitution-in-suedamerika-leidensweg-der-weissen-sklavinnen-a-951189.html
- Wilhelmy, H. "DAS DEUTSCHE AUSWANDERUNGSPROBLEM." Erdkunde, vol. 2, no. 1/3, 1948, pp. 109–118. JSTOR; www.jstor.org/stable/23218307.
- https://de.wikipedia.org/wiki/Gottfried_Duden
- https://de.wikipedia.org/wiki/Deutsche_Einwanderung_in_Brasilien#Geschichte
- http://www.zeit.de/zeit-geschichte/2011/03/Massenauswanderung